DOCUMENTS ET LETTRES

A L'APPUI DE LA PÉTITION

DE

M. ALEXANDRE VATTEMARE,

ADRESSÉE AUX CHAMBRES FRANÇAISES,

SUR

LE SYSTÈME D'ÉCHANGE.

ACTES DES GOUVERNEMENTS.

BILL DU CONGRÈS AMÉRICAIN.

Rapport du comité de la Bibliothèque du Congrès, chargé d'examiner mon mémoire, fait à la Chambre des représentants par l'honorable M. Tillinghast de l'État de Rhode-Island, et au Sénat par l'honorable colonel Preston, sénateur pour l'État de la Virginie au Congrès des États-Unis d'Amérique, le 10 et 17 juin 1840.

Le comité de la bibliothèque, après avoir pris en considération le mémoire de M. Alexandre Vattemare, déclare que,

. . . .

...L'établissement, sous le patronage du gouvernement ou d'associations opulentes, d'un commerce intellectuel qui effectuerait une transmission d'idées plus rapide et plus parfaite d'un pays à l'autre, est un projet digne de la civilisation de notre siècle. Sa réalisation, ne fût-elle que partielle, ne peut manquer de produire d'heureux résultats; car, outre l'accumulation et la diffusion des lumières, but principal du plan de M. Vattemare, les efforts faits pour le réaliser doivent produire des sentiments de paix et de bienveillance parmi les hommes.

Si le gouvernement fédéral adopte les projets de M. Vattemare dans toute leur étendue, il est porté à le faire, tant par le génie de nos institutions, qui demande une diffusion générale d'intelligence, et qui est toujours disposé favorablement pour toute idée tendant à ce but, que par la réflexion que l'échange des sciences accumulées en Europe, et jusqu'à présent peu cultivées par nous, doit nous être très-avantageux.

La mise en œuvre de cet échange de biens moraux appartient seulement aux divers États de l'Union, qui, sans doute, suivront l'exemple de la Louisiane. Toutefois, le comité croit que le gouvernement fédéral peut aussi, jusqu'à un certain point, entrer dans l'établissement proposé.

L'histoire passée et présente de ce gouvernement se trouve dans les documents publiés annuellement, et forment de nombreux volumes qui contiennent les événements les plus authentiques de notre histoire, ainsi que les rouages de notre machine politique. La curiosité profonde et éclairée du monde pourrait suivre pas à pas, dans ces volumes, les grands progrès que nous faisons chaque jour; et la connaissance exacte de ces progrès, acquise par les nations étrangères, doit tourner à notre avantage, en leur faisant connaître favorablement nos institutions. Il serait également à désirer que le Congrès américain eût à sa disposition les documents les plus exacts et les plus détaillés sur les gouvernements éclairés.

Le Congrès possède en ce moment un grand nombre de nos documents publics; une partie pourrait en être distribuée aux nations amies, en échange de documents semblables; et l'on pourrait aussi, à peu de frais, leur fournir ce que nous publierons dans la suite. Comme, sous ce rapport, nous dépassons probablement les gouvernements étrangers, l'échange serait égalisé par l'envoi d'ouvrages nationaux de sciences et d'arts, ouvrages que les plus amples pouvoirs de ces gouvernements leur permettent d'exécuter. En outre, le Congrès a quelquefois à sa disposition des doubles qui se trouvent dans les bibliothèques; le nombre de ces doubles pourrait être augmenté par un amendement de la loi sur la propriété littéraire, qui exigerait le dépôt, dans la bibliothèque du Congrès, de trois exemplaires de toute publication.

Afin d'atteindre ce but et réaliser les vues de M. Vattemare, le comité soumet les résolutions suivantes, et propose l'adoption du bill ainsi qu'il suit :

Résolu par le Sénat et la Chambre des Représentants des États-Unis d'Amérique assemblés au congrès.

« 1° Que le bibliothécaire, avec l'autorisation du comité de la bibliothèque, est autorisé à échanger les doubles qui existent dans la « bibliothèque.

« 2° Qu'il est autorisé de même à échanger les documents.

« 3° Qu'à compter de ce jour (17 juin 1840), cinquante exemplaires « de chaque volume des documents publiés par ordre des deux chambres seront imprimés et reliés pour être échangés avec les puissances « étrangères. »

Passé à la Chambre des représentants, le 10 juillet 1840.

Certifié :

GARLAND, *greffier.*

Approuvé par

MARTIN VAN-BUREN, *président des États-Unis.*

Moi, Hugh A. Garland, greffier de la Chambre des représentants des États-Unis d'Amérique, certifie et déclare que la pièce ci-dessus est une copie fidèle du rapport fait par M. Tillinghast, pour et sous la direction et l'autorité de la bibliothèque du Congrès, sur le mémoire de M. A. Vattemare, concernant son système général d'échange.

Je certifie de plus et déclare que la résolution ci-dessus est une véritable et fidèle copie de la résolution rapportée par le susdit comité réuni de la bibliothèque du Congrès, sur le mémoire dudit sieur A. Vattemare, laquelle a été adoptée par le Sénat et la Chambre des représentants du Congrès des États-Unis d'Amérique, et est devenue la loi du pays.

En foi de quoi, moi, Hugh A. Garland, greffier de ladite Chambre des représentants des États-Unis d'Amérique, ai signé mon nom et fait apposer le sceau de ladite Chambre.

Au Capitole, dans la ville de Washington, le vingt-deuxième jour de juillet, anno Domini mil huit cent-quarante.

Hugh A. Garland.

Ce bill voté, chacun des membres du Congrès en a signé une copie qui a été remise à M. Vattemare ; quelques-uns ont cru devoir motiver leur signature. Parmi ces sortes d'apostilles, nous choisissons les trois ou quatre suivantes :

De l'honorable M. H. Clay, sénateur au Congrès pour l'État du Kentucky.

Le plan d'échange proposé par M. Vattemare ne peut manquer d'augmenter le savoir en même temps qu'il cimentera les relations amicales des peuples qui l'adopteront ; son auteur a des titres à la reconnaissance publique, pour les efforts continuels et désintéressés qu'il a faits pour faire agréer son plan et le mettre à exécution.

De l'honorable M. Dan. Webster, ministre des affaires étrangères.

L'idée de M. Vattemare est originale, philanthropique et praticable ; elle est digne du siècle et de l'approbation de tous les hommes éclairés. Le cri du monde est celui d'Ajax : Δὸς δ' ὀφθαλμοῖσιν ἰδέσθαι.

De l'honorable M. A Norwel, du Michigan, vice président du Sénat.

C'est avec d'autant plus de bonheur que je donne mon approbation au projet de M. Vattemare, qu'il provient d'un enfant de la France, de ce pays distingué par son ancien attachement pour l'Amérique, par sa philanthropie universelle, sa dévotion à la liberté humaine, et par le génie, la science, le courage et l'enthousiasme qui ont répandu une brillante teinte de gloire sur son caractère national.

De M. White, député au Congrès, ex-gouverneur de l'État de la Louisiane.

. . . .

... Est-il une idée plus belle, plus rationnelle, que celle de multiplier entre les nations les rapports de l'intelligence ? *Accroître surtout nos relations avec la France, c'est ce qu'appellent les vœux du peuple Américain.....*

De l'honorable général G. Keim, député de l'État de la Pensylvanie.

La belle France nous offre toujours des bienfaits et contribue continuellement à notre bonheur. Jadis elle nous envoya un Lafayette pour contribuer à l'établissement de notre liberté politique ; maintenant nous en recevons un Vattemare qui ne manquera pas de mettre le comble à nos plaisirs intellectuels par ses efforts à établir la liberté la plus spirituelle et la paix la plus universelle entre toutes les nations de la terre.

Avancez-donc dans cette entreprise heureuse ; et lorsque l'on en recueillera les fruits, *la France* et son Vattemare seront ensemble proclamés les bienfaiteurs du monde.

De l'honorable M. H. Wise, député de la Virginie.

. . . .

...Unissant ainsi les nations par un échange de *courtoisie* ainsi que des spécimens de leur génie. Ce qui non-seulement étendrait également à toute l'humanité les *bénédictions* de la paix, mais encore les mettrait à l'abri des *malédictions* de la guerre.....

Si vous réussissez, comme je l'espère bien sincèrement, ce sera une occasion nouvelle à ajouter à tant d'autres dans lesquelles un fils de la France se sera montré le bienfaiteur des États-Unis d'Amérique.

ETAT DE LA LOUISIANE. — BILL.

Nouvelle-Orléans, ce 26 mars 1840.

Monsieur,

Je me suis empressé de soumettre au Sénat, que j'ai l'honneur de présider, le but de votre lettre, et, après en avoir référé au comité de l'instruction publique, les résolutions dont je vous transmets copie ont été adoptées à l'unanimité.

Je vous suis obligé, monsieur, de m'avoir choisi dans cette occasion, et je suis heureux d'avoir pu aider en quelque chose à l'exécution d'un projet si noble que le vôtre.

Je suis avec une haute considération, monsieur, votre très-humble serviteur,

Félix Garcia.

A M. Alexandre Vattemare.

Attendu que M. Alexandre Vattemare a déjà établi, entre plusieurs nations de l'ancien continent, un système général d'échange de livres et d'objets d'arts et de sciences qui peuvent exister dans les collections, les musées ou les bibliothèques desdites nations.

Attendu que ce système est de nature à produire les résultats les plus favorables pour le développement de l'intelligence et les progrès des lumières ; et considérant que plusieurs États de l'Union ont déjà concouru à cette œuvre essentiellement philanthropique, et que l'État de la Louisiane ne peut, sans renier le goût que ses habitants ont toujours manifesté pour les sciences et les beaux-arts, rester en arrière, au milieu de l'élan qui a poussé les peuples auxquels ce système a été proposé à l'embrasser avec ardeur et à l'encourager par le témoignage éclatant que lui ont rendu les hommes les plus marquants d'entre eux; — qu'il soit en conséquence résolu par le Sénat et la Chambre des représentants de l'État de la Louisiane, réunis en assemblée générale, que nos représentants et nos sénateurs au Congrès soient priés de soutenir de toute leur influence la pétition adressée au Congrès, au sujet du système proposé par M. Alex. Vattemare, et de faire tous leurs efforts pour qu'il soit fait droit à cette pétition; et que les États-Unis concourent à l'échange que ce système est destiné à établir entre cet hémisphère et les nations de l'ancien monde.

Il est de plus résolu, etc., qu'une somme de 3,000 piastres soit mise à la disposition du gouverneur, du secrétaire d'État et de trois personnes qui seront nommées annuellement par le gouverneur et le Sénat, afin d'être employée par eux ou par une majorité d'entre eux, à procurer quelques-unes des curiosités que renferme la Louisiane, tant en objet d'art que de science ou autres, pour établir avec les principaux musées et bibliothèques de l'Europe, les premières communications et les premières opérations d'échange; lesquelles devront être combinées de manière à établir pour l'État de la Louisiane les premiers éléments d'une bibliothèque ou d'un musée, soumis à l'action immédiate et au contrôle du gouverneur, du secrétaire d'État et des personnes ci-dessus nommées, qui devront en régler l'ordonnance et l'administration.

Il est de plus résolu, etc., que, sur l'exhibition faite au trésorier d'un compte établissant l'emploi desdites 3,000 piastres, dûment approuvé par le gouverneur et le secrétaire d'État, aux fins mentionnées plus haut, ledit trésorier devra mettre 3,000 piastres de plus à la disposition du bureau établi par la seconde résolution, pour être employées comme il a été dit plus haut et aux mêmes fins; et il en sera de même de toute présentation subséquente de comptes approuvés de la même manière, jusqu'à ce que la législature en ait ordonné autrement.

Pourvu néanmoins qu'en aucun cas les sommes ainsi mises à la disposition dudit bureau ne puissent, pour la même année, s'élever à plus de 6,000 piastres (30,000 francs.)

Pour copie conforme à la résolution adoptée par le Sénat le 26 mars 1840.

Nouvelle-Orléans, 6 avril 1840.

HORATIO DAVIS,
Secrétaire du Sénat de l'État de la Louisiane.

ÉTAT DU MAINE. — RAPPORT ET BILL.

Le Maine, dit le rapporteur, est particulièrement riche en productions naturelles. Ses ressources minéralogiques et géologiques ont été partiellement explorées, et ont surpassé toute attente. Ses forêts sont de vastes dépôts de productions végétales, et la connaissance de leur immense variété est seule nécessaire pour divulguer leur valeur. D'un autre côté, les autres nations de l'Europe sont riches en productions variées de la science et des arts.

La mission de M. Vattermare en ce pays fut suggérée par le général Cass, ministre américain à Paris, et par nombre d'Américains distingués résidant en France. Le peuple intelligent du Maine ne peut pas être insensible aux bienfaits qui découleraient du système d'échange que M. Vattemare nous propose; car, pour les spécimens des règnes végétal et minéral, nous pourrons recevoir les plus précieuses productions du génie et de l'adresse des Européens.

Le comité sait que la proposition de M. Vattemare a reçu l'approbation du Congrès américain, dont les membres donnent les plus brillants témoignages de leur approbation pour le plan, et de leur estime pour son auteur. Son noble projet nous présente une carrière nouvelle, dans laquelle les nations engageront un généreux combat d'émulation en s'imposant des obligations mutuelles. C'est une entreprise éminemment bienveillante, et qui doit procurer à son auteur un honneur immortel.

Le comité reconnaît avec orgueil et plaisir les profondes obligations que la France a imposées à ce pays. Dans cette guerre dont le résultat fut l'établissement de notre indépendance nationale, les soldats de France et d'Amérique étaient engagés dans une cause commune. Ces services sont gravés en caractères ineffaçables dans le cœur de tout véritable Américain, et leur souvenir ne périra qu'avec celui de la révolution américaine. Le comité, convaincu de son devoir envers la législature et le peuple de cet État, et reconnaissant envers M. Vattemare qui lui a communiqué son noble plan, propose d'échanger les lois, résolutions et documents législatifs publiés par cet État contre de semblables documents, etc., publiés par la France et les gouvernements étrangers. Les échanges qui ont déjà eu lieu entre les différents États de l'Union ont procuré les moyens de faire de riches additions à la bibliothèque de l'État.

Le comité propose aussi qu'une somme qui n'excédera pas 1000 dollars soit allouée pour établir, entre l'État du Maine et les gouvernements de l'Europe, l'échange des produits d'histoire naturelle contre ceux des arts et de la littérature. On peut aisément imaginer quels avantages en découleraient pour notre État, où les institutions littéraires et scientifiques sont encore dans leur enfance. Selon les paroles expressives de Washington Irving, « Le plan de M. Vattemare doit faire germer les bibliothèques et les collections avec promptitude et presque sans frais. »

L'État de Louisiane a déjà alloué une somme de 3 à 6,000 dollars pour les desseins proposés par M. Vattemare. Il est à désirer que le Maine imite la Louisiane, et qu'ainsi les deux extrêmes de la confédération s'unissent dans une émulation amicale et honorable.

Pour conclure, le comité adopte pleinement le sentiment de M. Vattemare, « que le système d'échange proposé n'enlève rien à personne et donne à tous ; il permet à chacun d'obtenir des objets précieux, en abandonnant ceux qui lui sont inutiles ; et pour l'amener à exécution, il ne faut presque pas autre chose que le désir de le faire. »

ÉTAT DU MAINE. — BILL (*).

La commission propose l'adoption du bill, ainsi qu'il suit :

Le sénat et les représentants de l'État du Maine, réunis en législature, décident :

1° Que dès à présent 50 exemplaires de chaque volume des lois, résolutions et documents publics, imprimés par ordre du Congrès, seront imprimés et reliés pour être échangés avec les nations étrangères ;

2° Que le gouverneur sera autorisé à transmettre chacun des exemplaires ci-dessus aux agents des contrées étrangères ; il sera autorisé de même à les échanger ;

3° Une somme qui n'excèdera pas 1000 dollars (5000 francs) sera allouée pour faire collection de spécimens d'histoire naturelle et des productions des arts utiles, et pour les échanger sous la direction du gouverneur.

Signé ÉDOUARD KENT, *gouverneur ;* SAM. BENSON, *secrétaire d'état.*

CANADA.

Loi votée par le conseil spécial, approuvée par le gouverneur général du bas Canada, le 6 février 1841 (**).

VICTORIA, par la grâce de *Dieu*, reine du royaume-uni de la Grande-Bretagne et d'Irlande, défenseur de la foi.

A tous nos affectionnés sujets qui ces présentes verront, *salut.*

Attendu que le maire, le conseil municipal et les citoyens de la ville de Montréal, par leur pétition adressée à ce conseil, exposent les grands avantages qui résulteraient pour le bien public de l'érection d'un vaste édifice dans lequel se trouveraient réunis, une bibliothèque, un musée, un cabinet d'histoire naturelle, une grande salle pour les réunions et les cours publics, et dans laquelle se tiendraient les séances des sociétés scientifiques de ladite ville, formant ainsi un institut d'après les plans suggérés par *M. Alexandre Vattemare.*

Attendu que les sociétés d'histoire naturelle, de la bibliothèque, de l'institut et de l'industrie offrent de mettre à la disposition du conseil municipal de ladite ville de Montréal, toutes leurs collections, livres, propriétés foncières, etc., pour être mis gratuitement à la disposition du public, aux conditions que ledit conseil municipal ferait construire un édifice convenable pour contenir ces collections, et se chargerait à l'avenir de leur entretien.

Attendu que par sa pétition le conseil municipal expose que les fonds à sa disposition, ainsi que ceux qu'il est légalement autorisé à prélever, seraient insuffisants pour l'acquisition du terrain et l'érection

(*) Pour ne pas multiplier les documents de ce genre, nous nous sommes bornés à la reproduction des bills adoptés par les législations des deux états extrêmes de la confédération, le Maine et la Louisiane.

(**) Une loi semblable fut reclamée par les habitants de Quebec.

de l'édifice, à moins de suspendre entièrement ou partiellement les travaux et améliorations à faire dans ladite ville de Montréal, par cette raison, demande l'autorisation de faire un emprunt pour les frais nécessaires à ladite construction, ainsi que pour payer les intérêts des sommes ainsi empruntées.

Attendu qu'il est nécessaire que droit soit fait à ladite demande ; c'est pourquoi il est

Ordonné et décrété par son excellence le gouverneur de ces provinces du haut et bas Canada, par et avec l'avis et consentement du conseil spécial pour les affaires de ces provinces, constitué en vertu d'un acte du parlement du royaume-uni de la Grande-Bretagne et d'Irlande, passé la première année du règne de sa présente Majesté, intitulé (*an act for Making provisons*, etc.), ainsi qu'en vertu d'un autre acte dudit parlement, passé à la session tenue la troisième et quatrième année du règne de Sa Majesté, intitulé (acte pour la réunion des provinces du haut et bas Canada, et pour le gouvernement du Canada), que le conseil municipal de la ville est autorisé à emprunter sur le crédit dudit conseil, et assurer sur les fonds de ladite ville, telle somme qui n'excédera pas en tout *cinquante mille livres sterling* (un million deux cent cinquante mille francs), pour faire face aux frais de la construction d'un édifice convenable pour l'usage mentionné dans le préambule de cette ordonnance, ainsi que pour le prix de l'acquisition du terrain sur lequel sera élevé ledit institut, qui devra se trouver dans une partie centrale et convenable de ladite cité de Montréal.

Suivent 23 articles, concernant le mode d'emprunt, l'autorisation accordée au maire et conseil municipal de recevoir les donations faites par les sociétés de la bibliothèque, de l'histoire naturelle et de l'institut de l'industrie, ainsi que tous autres dons ou legs qui seraient faits à l'institut, sur l'administration intérieure ; et termine par l'article suivant :

XXV. Qu'il soit ordonné et décrété que cette ordonnance sera et demeurera une loi permanente et en pleine vigueur, jusqu'à ce qu'elle soit changée ou altérée par l'autorité compétente.

Approuvé. (*Signé* SYDENHAM).

Par ordre :

D'ALY,
Secrétaire de la province.

ASSEMBLÉES POPULAIRES.

ÉTAT DE NEW-YORCK.

Résolution de l'assemblée tenue à New-Yorck le 20 mai 1840.

Conformément à ce qui a été publié dans les journaux de notre ville, une assemblée a été tenue dans la salle des cours de Clinton-Hall :

M. Duer, président du collège de Colombia. — *Président.*

Révérend J. M. Wainright, évêque épiscopal. — *Vice-président.*

M. Joseph Delafield, prés. du Lycée d'hist. natur. — *Vice-président.*
Samuel G. Raymond, esq. — *Secrétaire.*
Alex. Hosack, M. D. — *Secrétaire.*

L'assemblée déclare que son sentiment est que le plan de M. Alexandre Vattemare concernant l'échange des spécimens doubles d'objets concernant la littérature, la science ou les arts, est digne de l'attention de tous les gouvernements éclairés ;

Nous déclarons que l'adoption de ce plan par le gouvernement général, et par celui de l'État de New-Yorck, ne peut qu'apporter des avantages spéciaux à cet État et à l'Union en général ; et c'est pourquoi nous l'avons recommandé au favorable examen du Congrès et de la législature ;

Nous déclarons que nous ressentons la plus haute et la plus reconnaissante estime pour M. Vattemare, dont le génie inventa, et dont les travaux et les efforts désintéressés propagèrent un plan dont le but est d'avancer les intérêts de l'humanité, et d'unir les nations du monde civilisé par les liens d'une bienveillance réciproque.

L'honorable M. Philippe Hone appela aussi l'attention de l'assemblée sur quelques-uns des points de vue qui apporteraient des avantages particuliers aux nations entrant dans le plan proposé ; il termina en proposant que les actes de l'assemblée fussent publiés dans les journaux quotidiens, et qu'une copie de ces mêmes actes fût transmise à M. Alexandre Vattemare, à Washington. La séance est levée.

Signé M. A. DUER, *président;* J. M. WAINRIGHT, *vice-président;* JOSEPH DELAFIELD, *id.;* SAMUEL G. RAYMOND et ALEXANDRE HOSACK, *secrétaires.*

ÉTAT DE MARYLAND.

Assemblée populaire de Baltimore.

Le lundi, 10 août 1840, une assemblée générale des citoyens de Baltimore eut lieu sous la présidence de M. Taney, chef de la justice des États-Unis, assisté de l'archevêque catholique, de l'évêque protestant, du maire de Baltimore, etc., etc.

Attendu que M. Alexandre Vattemare a présenté avec un zèle philanthropique, aux citoyens de Baltimore, son système d'échange entre les différentes nations des productions de leurs sciences, arts et littérature, avec un aperçu touchant la formation de collections nationales où le public pût trouver à la fois, et gratuitement, de l'instruction et une utile récréation ;

Attendu qu'il est évident que le succès de ce système doit resserrer parmi les nations les liens d'intérêt et d'affection, en répandant parmi elles le savoir qui, maintenant légèrement considéré, est regardé comme inutile ;

Il a été résolu :

1° Que cette assemblée regarde le système d'échange comme profondément intéressant pour toutes les nations, et en particulier pour les jeunes républiques d'Amérique, que les échanges feront participer aux trésors accumulés depuis des siècles dans les pays de l'ancien monde, le plan de M. Vattemare embrassant non-seulement les objets de curiosité, de beaux-arts et les livres, mais encore les richesses des mines, les productions du sol et les inventions du génie;

2° Que pour obtenir la coopération active et zélée de l'État de Maryland, un comité de quatorze personnes sera nommé par le président, pour présenter et soutenir devant la législature de Maryland, à la prochaine session, le plan de M. Vattemare;

3° Qu'il sera nommé par le président un comité de trente et un membres, qui se chargera de l'organisation du système dans la ville de Baltimore, et de son extension dans l'État de Maryland. Que le comité sera particulièrement chargé d'examiner la possibilité d'unir le musée et la bibliothèque de Baltimore, de manière à assurer leur conservation perpétuelle et à accroître leur utilité;

4° Que les comités ci-dessus auront le pouvoir de remplir les vacances et de s'ajouter des membres à discrétion;

5° Que les vifs remerciements de nos citoyens sont dus à M. Alexandre Vattemare, pour l'ardente persévérance avec laquelle il a cherché à appliquer son projet à nos compatriotes, et pour les inestimables bienfaits qui doivent nécessairement découler de sa magnifique conception.

Signé ROGER B. TANEY, *président*; DAVID HOFFMANN, BRANTZ, MAYER, *secrétaires*.

ÉTAT DE MASSACHUSSETS.

Assemblée de la jeunesse de Boston.

L'assemblée, réunie de 27 avril 1841, a pris unanimement la résolution suivante :

1° Nous regardons le système d'échange de M. Vattemare comme un projet dont la réalisation, en unissant toutes les nations dans une sorte de fraternité intellectuelle, ne peut manquer de provoquer et d'étendre les progrès de la civilisation;

2° Nous conjurons respectueusement ceux qui, par leur âge, leur sagesse et leur expérience, sont devenus nos guides, d'examiner le plan de M. Vattemare, et de se servir de leurs efforts influents pour le mettre en pratique; et nous, jeunes gens, nous nous engageons avec joie à agir d'après leurs décisions et de nous efforcer, par tous moyens possibles, d'exciter l'enthousiasme de ceux de notre âge, pour les faire venir en aide à ce grand projet;

3° Les remerciements de cette assemblée seront présentés aux membres de l'Athénée de Boston et des autres bibliothèques de cette ville, qui ont généreusement fait connaître leur intention de se livrer entièrement au bien public, et de concourir au plan de M. Vattemare par leur temps, leurs biens et leur influence;

4° Nous sympathisons cordialement avec nos frères, les jeunes gens de Montréal, Québec, Baltimore, etc., qui ont cherché avec tant d'enthousiasme, d'énergie et de succès, à établir des institutions semblables à celles que nous désirons voir s'élever dans notre ville.

5° Comme Boston a la réputation d'être la première ville littéraire de l'Union, nous conjurons nos concitoyens de ne pas détruire cette réputation en refusant de faire ce que d'autres villes moins renommées ont triomphalement accompli ;

6° Les remerciements de cette assemblée seront présentés à M. Vattemare pour sa présence ici en ce jour, et pour les intéressantes idées qu'il nous a soumises. Nous apprécions vivement la philanthropie qui l'a porté à faire tant de sacrifices pécuniers, et à dépenser une si grande partie de son énergie physique et morale pour le bien de la grande famille des nations ; nous pensons enfin qu'il a étendu son cosmopolitisme jusqu'au terme qui montre, comme le dit Bacon, que *« son cœur n'est pas une île retranchée des terres des autres hommes, mais qu'il est un continent qui y reste continuellement attaché. »*

Signé Sam. E. Sauver, *président.*

CANADA.

Assemblée populaire de Montréal.

L'assemblée, constituée sous la présidence de M. Charles Mondelet, écuyer secrétaire, M. André Romuald-Cherrier, a résolu :

1. Que, pénétrée de l'importance qu'a pour ce pays la réalisation du système d'échanges de M. Vattemare, et reconnaissante du bienfait inappréciable que nous apporte ce philanthrope généreux et désintéressé, elle le prie d'agréer l'expression respectueuse et sincère des sentiments de gratitude qui animent tous ceux qui composent cette réunion.

2. Que cette assemblée apprend à l'instant même, avec un vif intérêt, que Son Excellence le gouverneur général, appréciant les efforts qui se font de toutes parts pour la réalisation du plan sublime de M. Vattemare, est disposée à demander au conseil spécial la passation d'une loi qui procure à cette ville les moyens d'ériger un édifice destiné à recevoir l'institut.

3. Que cette assemblée accueille avec beaucoup de satisfaction les témoignages de bienveillance et de sympathie qui ont été manifestés hier au soir, vis-à-vis de nous, par une assemblée de nos compatriotes d'origine britannique, tenue en cette ville ; que cette assemblée les assure que cette expression de leurs sentiments à notre égard a été vivement sentie et appréciée par tous, et leur offre en retour les trois hourras qui se feront entendre en terminant cette résolution.

(Trois *hourras* bruyants furent alors donnés à nos compatriotes d'origine britannique).

4. Que tout Canadien fera son possible pour se procurer des objets d'histoire naturelle et autres, pour les porter à l'institut, et que tous ceux qui auraient en leur possession des volumes d'ouvrages dépareillés, se feront un devoir d'en faire part à la bibliothèque commune, afin de parvenir à compléter ces ouvrages.

5. Qu'une liste de souscriptions sera immédiatement ouverte, aux fins de faire chanter une messe solonnelle d'actions de grâces, pour remercier Dieu d'avoir inspiré à M. Vattemare l'idée d'une aussi vaste

conception, et pour demander le secours du ciel pour le succès de cette entreprise ; et qu'une députation soit envoyée au séminaire de cette ville, auprès de messire de Charbonnel, pour le prier de faire, lors de cette messe, telle allocution qu'il jugera convenable à la circonstance.

6. Que cette messe solennelle sera chantée, dans l'église paroissiale de cette ville, jeudi prochain, le 28 du courant, à huit heures et demie du matin, s'il est possible.

7. Que les remerciements de l'assemblée seront votés à la Société d'histoire naturelle de cette ville, à l'Association de la bibliothèque de Montréal et au *Mechanics' Institute,* pour l'abandon généreux que ces institutions ont fait à la ville de leurs collections précieuses.

8. Que copie des procédés qui ont eu lieu à l'assemblée de ce soir, certifiée par le président et le secrétaire, sera communiquée à MM. les ecclésiastiques du séminaire de Montréal, et à M. Vattemare, comme un témoignage de l'approbation de cette assemblée pour ses efforts infatigables et vertueux, et de son ardent désir de le seconder.

L'assemblée se dispersa ensuite dans le plus grand ordre, sur les neuf heures et demie, et reconduisit M. Vattemare en triomphe jusqu'au lieu de sa résidence.

CHARLES MONDELET, *président;* A. R. CHERRIER, *secrétaire.*

Assemblée populaire de Québec.

Sur la convocation adressée par les évêques, le chef de la justice et deux cents des habitants les plus notables, une assemblée nombreuse s'est réunie le 7 mars 1841, sous la présidence de M. Caron, maire de la ville.

Sur motion de M. D. S. Marquis, secondée par M. Jas. Walsh,

Résolu, — Que des sentiments de reconnaissance et du plus profond respect soient exprimés envers les seigneurs-évêques de Québec et de Sidyme et tout le clergé pour l'élan généreux qu'ils nous ont donné, dans une entreprise aussi noble et aussi belle, en accordant des marques si honorables d'estime à l'illustre citoyen du monde, qui venait agrandir notre patrie. Et nous ne doutons nullement que les clergés de toutes dénominations viendront comme eux à l'appui de cette grande œuvre.

Résolu, — Que le système d'échange de livres, d'objets d'arts et de sciences, imaginé par M. Vattemare, est une des idées les plus utiles, les plus fécondes en heureux résultats qui aient jamais été conçues pour le bonheur et l'avancement de l'humanité; propre, au moyen des relations scientifiques qu'elle établira entre tous les peuples, à faire naître et à raviver les sentiments de bienveillance qui doivent exister entre eux pour leur avantage mutuel.

Sur motion de M. Vanfelson, secondée par M. Chambers,

Résolu, — Que la cité de Québec, une des plus anciennes villes de cet hémisphère, ne saurait hésiter un instant à prendre les mesures nécessaires pour entrer dans la grande et avantageuse association scientifique formée par les efforts méritoires du célèbre philanthrope qui se trouve maintenant au milieu de nous.

Sur motion de M. G. B. Faribault, secondée par M. John Fraser,

Résolu, — Que le conseil de ville de cette cité soit prié de se charger de prendre en mains les mesures propres à réaliser les vues de cette assemblée, avec l'assurance que les citoyens de cette ville contribueront volontiers aux moyens pécuniaires nécessaires à l'accomplissement de ces vues, et que le président de cette assemblée soit prié de communiquer les procédés de cette assemblée au conseil de ville de cette cité.

Sur motion de l'honorable John Neilson, secondée par M. Henry Atkinson,

Résolu, — Qu'il entre dans les vues et les espérances de cette assemblée, que l'établissement à être formé en cette ville pour répondre au plan de M. Vattemare ne soit pas seulement un lieu de dépôt pour livres, instruments, objets d'art et de science, mais qu'aussitôt que les circonstances le permettront, on y attache aussi l'enseignement dans les différentes branches des connaissances humaines, surtout au moyen de cours gratuits, pour l'avantage des classes peu fortunées, et hors des heures de travail.

Sur motion de M. Étienne Parant, secondée par M. N. Aubin,

Résolu, — Qu'un comité soit nommé pour exprimer, s'il est nécessaire, les sentiments et les vues des citoyens de cette ville dans le cours des conférences ou discussions sur les détails des mesures à être adoptées, afin de mettre à exécution les intentions de cette assemblée, et que les Messieurs qui ont proposé et secondé les résolutions de cette assemblée, ainsi que le président et le secrétaire, composent ledit comité, avec pouvoir de s'adjoindre un nombre de citoyens des différentes parties de cette cité ne devant pas être moindre que vingt-cinq.

Sur motion du révérend M. Lundy, secondée par M. l'abbé L. Massue,

Résolu, — Que cette assemblée ajoute un vote de remerciements aux nombreux témoignages de reconnaissance dont M. Vattemare a été l'objet dans tous les pays où il a travaillé à introduire son heureux système, en attendant que le monde entier lui donne une marque de gratitude digne de tout le bien qu'il aura fait aux hommes.

Sur motion du Dr Bardy, secondée par M J. N. Bosse,

Résolu, — Que nous joignons nos remerciements à ceux de l'assemblée de vendredi dernier, à la Société littéraire et historique de Québec, à l'Institut des artisans et aux Propriétaires de la bibliothèque de Québec, pour la généreuse disposition qu'ils ont apportée de faire tout en leur pouvoir pour seconder les vœux de leurs concitoyens à l'égard de la grande œuvre qui nous occupe ; et que nous espérons que les conférences qui vont avoir lieu entre leurs députations et celles du conseil de ville auront un heureux résultat.

Sur motion de M. L. Massue, écuyer, secondée par Édouard Burroughs, écuyer,

Résolu, — Qu'il soit voté des remerciements à l'honorable Édouard Caron, notre digne maire, pour l'habileté avec laquelle il a présidé cette assemblée.

W. B. LINDSAY, *Secrétaire.*

ILE DE CUBA. — RÉSOLUTIONS.

La Société royale patriotique de la Havane, dont le gouverneur général est président, assemblée extraordinairement le 17 février 1840, a résolu :

1° Que le comité de la bibliothèque et le directeur du musée, présents à cette résolution, feront un catalogue des livres et objets d'histoire naturelle qui se trouvent en double dans les susdits établissements; que ce catalogue vous sera remis, et que le secrétaire aux archives en fera de même pour son bureau;

2° Que l'on vous témoignera, au nom de la Société, la satisfaction et l'intérêt avec lesquels elle a entendu la lecture de votre mémoire sur votre projet, qu'elle connaissait par avance;

3° Que dès ce moment la Société compte parvenir à l'établissement de votre système;

4° Que la proposition de ces échanges ne pouvait manquer d'obtenir une complète approbation, vu sa grande utilité, et que la Société sollicite de votre bienveillance les explications que vous jugerez important de lui communiquer pour réussir dans un projet dont les heureux résultats sont incontestables;

5° Qu'en marque d'estime pour votre personne la Société met, dès à présent, à votre disposition, deux exemplaires de toutes ses publications, espérant que les résolutions ci-dessus vous seront agréables. Je suis, etc.

A la Havane, le 22 février 1840.

Don Antonio Bachiller y Morales, *secrétaire*.

LETTRES PARTICULIÈRES.

Approbation du président des États-Unis et de son cabinet.

Conformément à l'opinion générale sur les bienfaits qui résulteraient pour la science et la littérature de l'heureuse exécution du plan de M. Vattemare, concernant un échange général des doubles des productions des arts, des sciences et de l'industrie, les soussignés donnent avec grand plaisir leur approbation aux efforts de M. Vattemare; ils désirent que ces efforts soient couronnés du plus entier succès, et contribueront de tout leur pouvoir à atteindre cet heureux résultat.

Signé : Martin Van-Buren, John Forsyth, Lévy Woodbury, J. B. Poinsett, J. K. Paulding, J. M. Niles, H. D. Gilpin.

Lettre de M. J. Forsyth, ministre des affaires étrangères.

Vashington, 25 juillet 1840.

Monsieur,

Je vous envoie, ainsi que vous l'avez désiré, trois exemplaires (*fac-simile*) de la déclaration de notre indépendance, un pour votre propre usage , et les deux autres pour être déposés, comme vous l'avez suggéré, dans les bibliothèques des chambres législatives de France.....

Lettre de M. L. Woodbury, ministre des finances.

Département des Finances, 25 juillet 1840.

Cher monsieur,

C'est avec le plus grand plaisir que, dans le but de seconder vos vues pour les échanges de livres, je mets à votre disposition deux exemplaires des réglements commerciaux des puissances étrangères, compilés sous la direction de ce département.

Veuillez accepter aussi deux exemplaires d'un rapport sur la culture et manufacture et le commerce du coton ; d'un autre sur les bateaux à vapeur dans les États-Unis , et d'un autre sur les banques.

Lettre du ministre de la guerre.

...Une institution pour la promotion de la science, formée récemment dans cette ville sous le patronage de certains officiers du gouvernement, sera, je l'espère, un moyen par lequel vos plans pourront s'effectuer. Comme doyen de cet établissement, je serai charmé d'aider à la réalisation de votre système.

J. R. POINSETT.

Lettre de M. J. K. Paulding, ministre de la marine.

Outre la diffusion du savoir qui doit résulter de l'accomplissement de vos vues, des relations amicales entre les nations ne peuvent manquer de s'établir par les moyens de ces bons offices mutuels et par l'échange des bienfaits. Jusqu'à présent les nations se sont fait connaître l'une à l'autre par des outrages plutôt que par des services ; tout ami de la paix de l'humanité doit donc admirer un plan qui doit substituer des services mutuels aux absurdes antipathies fondées sur les préjugés. Je suis , etc.

Lettre de M. Ellsworth, directeur du dépôt des modèles et du bureau des brevets.

. . . .
...Parmi les divers moyens d'avancer vos vues, il m'a semblé que si les inventeurs des États-Unis offraient, par votre entremise, au gouvernement français, et sans restriction aucune, l'usage de leurs découvertes ou perfectionnements, et que votre gouvernement récompensât d'une manière convenable celui qui en aurait été jugé digne ,

Un tel avantage pourrait donner lieu à un grand nombre de communications de la part d'inventeurs qui préféreraient que le public profitât gratuitement du fruit de leurs inventions, plutôt que de les voir taxer arbitrairement par des personnes qui n'y ont d'autres droits que ceux d'en avoir été les premiers introducteurs.

J'ajouterai que le dépôt des modèles vient de devenir, à ce que l'on pense, un puissant auxiliaire à cette branche, sœur de l'industrie, et qui intéresse si profondément toutes les nations, *l'agriculture*, par une collection et distribution des graines et plantes les plus importantes du monde.

Sous ce rapport, d'immenses avantages réciproques doivent résulter au moyen des échanges internationaux.

Acceptez, je vous prie, un digeste classifié de tous les brevets accordés par le gouvernement des États-Unis jusqu'à ce jour, etc., etc.

HENRI L. ELLSWORTH.

Lettre de M. Meehan, bibliothécaire du congrès.

Je vous félicite sur le succès de vos efforts pour effectuer l'échange des documents, etc., entre les États-Unis et les nations de l'Europe.

Le temps que vous avez consacré à cette œuvre, quoiqu'il ne vous ait été d'aucun avantage pécuniaire, contribuera cependant à soutenir votre caractère de philanthrope, et vous procurera des jouissances de cœur plus pures et plus durables que si vous l'aviez employé à acquérir la grande fortune que vos brillants talents vous auraient facilement procurée. Votre nom ne sera prononcé qu'avec respect et reconnaissance par tous les corps littéraires, scientifiques et législatifs du monde entier.

Je m'occupe en ce moment à préparer les livres, cartes, etc., qui doivent être envoyés aux corps législatifs de France, au nom du Congrès, par le comité de la bibliothèque.

Lettre du même.

Washington, 2 septembre 1840.

Les deux exemplaires de livres, etc., que le comité de la bibliothèque a reçus du Sénat et de la Chambre des représentants lorsque vous étiez parmi nous, et dont le greffier a dû vous remettre la liste, étaient destinés, comme je l'ai compris depuis votre départ, à des échanges avec la France et l'Angleterre. Je crois que vous étiez d'un avis différent. Mais comme la résolution du Congrès me force à agir dans cette affaire d'après les vues du comité de la bibliothèque, j'ai écrit au président de ce comité pour lui demander ses instructions; et, dès que j'aurai reçu sa réponse, les livres seront envoyés à New-York, pour de là être dirigés vers leur destination en Europe.

Selon la promesse que je vous ai faite, j'ai le plaisir de vous annoncer que la bibliothèque a ajouté aux livres, etc., qu'elle a reçus du Sénat et de la Chambre des représentants, les Archives américaines, 1774-75, en 2 vol. in-fol., publiés par Clarke et Force; les Élections contestées dans le Congrès, en 1 vol. in-8°; un Manuel pour la culture de la canne à sucre, en 1 vol. in-8°; un Discours sur la vie et le caractère de Gilbert-Motier de Lafayette, par l'honorable J. Q. Adams, en 1 petit vol. in-8°; la Correspondance diplomatique des États-Unis, par Sparks, en 12 vol. in-8°; le Journal de la convention fédérale, en 1 vol. in-8°; la Statistique des États-Unis, de 1789 à 1816, par Pitkins, en 1 vol. in-8°; le même ouvrage, de 1789 à 1818, par Seybert, en 1 vol. in-4°; le même ouvrage, de 1818 à 1833, par Watterston et Van Zandt, en 1 vol. in-4° oblong et 1 vol. in-8°.

Lettre de M. K. T. Verplanck, sénateur, l'un des savants les plus distingués de l'État de New-Yorck.

3 décembre 1839.

...Votre plan a une valeur spéciale et particulière relativement à ce pays; il fournira à nos étudiants un accès facile parmi tant de sciences, d'arts et de connaissances dont les trésors sont maintenant enfouis dans les grands dépôts publics de l'Europe; nous pouvons donner en retour des richesses maintenant hors de l'atteinte des Européens, non pas des ouvrages de savoir et des arts, mais des matériaux précieux pour les recherches physiques et les sciences morales, légales et politiques, en un mot, pour l'étude de la nature et de l'homme.

Les cabinets de l'Europe pourront ainsi s'enrichir de spécimens de la nature gigantesque du nouveau monde, tandis que les documents législatifs et légaux des gouvernements de nos différents Étals fourniront de précieux matériaux aux études de l'économiste politique et de l'homme d'État philosophe et philanthrope. Ainsi chaque continent pourra continuer à augmenter la richesse scientifique de l'autre, et les nations éloignées entreront dans une généreuse rivalité pour la diffusion du savoir. Je suis, etc.

Signé K. T. Verplanck.

Lettre de M. Washington Irving.

Albany, 7 mai 1840.

Je regrette extrêmement que des engagements qui exigent mon départ immédiat pour New-Yorck m'empêchent de me trouver à l'assemblée réunie ce soir dans le but d'examiner votre plan concernant un système d'échange. C'est une louable et magnifique idée, digne de la civilisation de notre siècle, et dont les avantages sont si clairs et si patents, qu'ils doivent frapper à la première vue tout esprit intelligent. Ces avantages seraient particulièrement sentis dans ce pays, où nos institutions savantes sont encore presque dans leur enfance; car c'est le but évident de votre plan de faire germer les bibliothèques et les collections, immédiatement et presque sans frais.

Lettre de M. de Bacourt, ministre de France à Washington.

Washington, 21 juillet 1840.

J'ai reçu, Monsieur, la lettre que vous m'avez fait l'honneur de m'écrire le 19 de ce mois, et les notes qui y étaient jointes. Je me suis empressé de transmettre à Son Excellence M. le président du conseil les notes qui indiquent les richesses scientifiques et bibliographiques que, par vos nombreuses démarches et votre influence personnelle, vous venez d'acquérir à la France. Je suis heureux de pouvoir vous féliciter de ce beau succès, Monsieur, aussi honorable pour vous que pour la nation américaine, dont vous avez su réveiller les sympathies pour notre chère patrie.

Veuillez agréer, etc.

Signé Ad. de Bacourt.

Lettre de M. Serruys, ministre du roi des Belges aux États-Unis.

Monsieur,

Je m'empresse de vous féliciter sur le beau succès que vous avez obtenu ici en faisant passer la loi sur les échanges entre les divers gouvernements. Grâces à cette loi, des relations d'échange sont établies entre la Belgique et les États-Unis, qui m'ont déjà remis une foule de documents que j'ai fait parvenir à mon gouvernement. Je vous réitère donc mes félicitations et l'assurance de mes sentiments distingués.

Lettre de M. J. P. Bigelow, ministre secrétaire de l'État de Massachussets.

Boston, 24 avril 1841.

Monsieur,

J'ai rassemblé pour vous un grand nombre de livres, recueils et autres documents, et je les ai fait mettre à votre adresse. La plupart de ces documents ont été imprimés de temps à autres sous le patronage de l'État, et traitent de la législation, de l'éducation, de la géologie; de la zoologie, de l'agriculture, des manufactures, des maisons de fous, du paupérisme, des maisons de correction, des banques, des compagnies d'assurances, des chemins de fer et d'autres sujets dont vous trouverez la liste incluse dans la caisse.

J'espère que cette collection pourra venir en aide à la bonne cause à laquelle, depuis si longtemps, vous dévouez vos nobles et constants efforts.

Lettre de M. Thomas Webb.

Boston, 18 mai 1841.

Cher Monsieur,

Je vous envoie ci-joint, un exemplaire de tous les volumes publiés de la Bibliothèque des écoles; ci, vingt-cinq volumes, que je vous prie de présenter au ministre de l'instruction publique, ou à toute autre personne, ou institution que votre jugement vous indiquera comme devant se servir de cet ouvrage dans le but pour lequel il a été publié, c'est-à-dire la propagation des lumières et connaissances parmi les générations présentes et futures, et, par conséquent, l'amélioration de la condition morale du peuple.....

Lettre de M. Whippel, président de la Société des jeunes gens de Boston.

Boston, 22 mai 1841.

Cher Monsieur,

Je sais que mon opinion sur la beauté de votre plan ne serait qu'une plume dans la balance de l'opinion publique, et qu'elle ne peut influencer en rien le poids général; mais, cependant, m'étant enrôlé comme un humble soldat dans la division bostonnienne de cette grande armée, organisée pour l'accomplissement de votre projet, armée dont vous êtes en même temps le recruteur, le guide et le général, je ne puis vous laisser partir sans vous exprimer les sentiments profonds d'admiration que vous m'avez inspirés, et mes ardents souhaits pour la réalisation de votre idée chérie.

Quelle que soit l'issue de vos travaux, rien ne pourra affaiblir le respect que je ressens pour vous, innovateur dont l'énergique philanthropie, après avoir projeté une noble et bienfaisante entreprise, ne recule devant aucun obstacle pour la mettre à exécution. Une fidélité inviolable à une grande idée doit toujours commander le respect ; et, certes, nul homme, à moins que son cœur ne soit entouré d'un triple airain, ne pourra penser aux mille petites vexations que vous avez éprouvées, aux sacrifices pécuniers que vous avez faits, aux liens de famille que vous avez rompus, au septicisme et à l'égoïsme que vous avez eu à surmonter, aux empêchements occasionnels, qui toujours embarrassent les pas du réformateur, et que vous ont sucités « *les longs rugissements de l'écumante calomnie et le sourd murmure des envieux.* »

Vous êtes, Monsieur, le cosmopolite le plus complet que j'aie jamais vu. Nous savons tous combien il est difficile à un homme de surmonter ses propensions égoïstes de manière à agir pour sa patrie, pour sa cité, sans espoir de récompense ; mais lorsque cet homme, non content d'un tel sacrifice, abandonne encore patrie, enfants, et toutes les joies de la vie de famille, pour bénéficier les habitants d'une terre étrangère, c'est de lui seul qu'on peut dire : « *sa patrie, c'est le monde, et ses concitoyens, c'est l'humanité.* »

Votre dévoué serviteur,

EDWIN WHIPPEL.

Lettre de monseigneur l'évêque de Montréal, bas Canada.

Montréal, 23 novembre 18 .

Monsieur,

J'ai toujours considéré le genre humain comme ne formant qu'un même corps, qui a pour membres toutes les nations du globe, et pour âmes la divine Providence qui préside à tous les événements d'ici bas. Un des grands bienfaits du christianisme est d'unir intimement tous ces membres dispersés par toute la terre ; et si les passions humaines ne venaient pas rompre ces liens sacrés que la religion tend sans cesse à former, tous les peuples ne formeraient plus qu'un même peuple, ne seraient plus qu'une seule et même famille dont Dieu serait le père.

Toutes institutions qui tendra à cimenter une union aussi parfaite sera donc à mes yeux une œuvre éminemment utile ; voila pourquoi je ne puis m'empêcher de donner toute mon admiration à ce plan pour lequel vous travaillez à unir toutes les nations dans une immense association de science, de lumière et d'industrie.

Par vos efforts, toutes ces richesses deviendront un trésor commun où les plus pauvres pourront puiser avec abondance. Aussi nul doute que vous ne rencontriez de toute part la sympathie et le concourt le plus empressé, ce sont du moins les sentiments qui animent à votre égard, l'évêque de Montréal et son clergé.

Je prie Dieu qui vous a déjà donné tant de succès, de vouloir bien couronner par vous cette œuvre excellente, dont toute la gloire sera à lui et le profit au genre humain. Ce sera sans doute pour vous, une récompense telle que vous ne pouvez en espérer une plus grande ici bas.

J'ai l'honneur d'être, etc.

Lettre de lord Sydenham (Poulett Thomson), ministre du commerce et gouverneur général du Canada.

Maison du gouvernement, 13 décembre 1840.

Monsieur,

Ayant déjà eu l'occasion, en Europe, de vous témoigner l'admiration que j'éprouvais, tant pour votre système d'échange que pour le zèle que vous mettez à son perfectionnement, il est presque superflu de vous le répéter; mais je ne puis me refuser le plaisir de vous en renouveler l'assurance depuis que j'ai vu l'extension que vous lui avez donnée en Amérique, et surtout au Canada.

Je ne voyais autrefois dans vos travaux qu'un moyen puissant d'augmenter les richesses littéraires des divers pays, par l'échange de leur superflu, mais je reconnais maintenant un but encore plus noble et plus utile : vous servir du terrain neutre des sciences et des arts pour faire taire les haines de race ou de parti, et unir, par un lien commun, les hommes estimables que des différences politiques ou personnelles ont trop longtemps séparés.

Veuillez croire, Monsieur, que mes vœux les plus sincères accompagnent vos efforts, et que je serais flatté de pouvoir leur prêter mon faible appui. Votre triomphe sera celui de l'humanité.

Agréez l'assurance de mon sincère dévouement,

SYDENHAM.

Lettre de M. Thomas Lane, sénateur de l'État du Maine.

Augusta, 20 mars 1841.

Mon cher monsieur,

La législature du Maine a donné son approbation à votre idée; et, en agissant ainsi, elle a fait un grand honneur à notre État. J'espère que cette adoption procurera à notre pays de riches récompenses. *Votre patrie nous a imposé une mesure d'obligations que nous ne pourrons jamais remplir; nous ne pouvons que reconnaître sa grandeur, et les termes mêmes dans lesquels nous exprimons notre reconnaissance prouvent notre impuissance.*

Le généreux Lafayette vit avec Washington dans la mémoire de tout véritable Américain. Permettez-moi de dire que le nom de Vattemare parviendra à nos petits-fils avec le nom béni et adoré de Lafayette. *Celui-ci* s'était dévoué à la cause qui eut pour résultat le gain de notre liberté; *vous* vous interposez pour nous procurer cette mesure d'intelligence dont la possession rendra cette liberté perpétuelle. *Il* aida notre patrie à secouer le despotisme étranger; *vous* proposez avec les puissances étrangères une alliance paisible dans son caractère, et qui ne pourra être complète que lorsque le monde entier aura accepté les bienveillantes doctrines que les pères de l'indépendance américaine ont enseignées et inculquées à leur postérité.

Veuillez recevoir mes vœux bien sincères pour vous-même et pour le succès de votre bienfaisante idée. Puissiez-vous vivre assez pour voir toutes les nations de la terre l'adopter généreusement et de bonne foi ! C'est un désir que m'inspirent mon attachement pour vous, et l'assurance que la réalisation de votre plan doit marcher de pair avec l'accomplissement des plus nobles desseins de l'humanité.

Thomas C. Lane.

Lettre de M. T. W. Murdoch, secrétaire en chef du gouvernement du Canada.

Montréal, 19 décembre 1840.

Monsieur,

Je reçois l'ordre du gouverneur général de vous informer que, dans le but de favoriser le projet pour l'accomplissement duquel vous êtes venu dans ce pays, c'est-à-dire l'échange, parmi toutes les nations, des publications d'un intérêt général, Son Excellence a ordonné au greffier du conseil spécial de mettre à votre disposition un exemplaire complet des journaux du conseil législatif et de la chambre d'assemblée de cette province, de même que tout autre document public dont il aurait le double. Ces documents, destinés par Son Excellence à être présentés à la Chambre des députés et des pairs de France, vous seront adressés où vous le désirerez, et au moment que vous jugerez le plus convenable; et Son Excellence espère qu'en échange vous pourrez obtenir pour ce pays un exemplaire des documents publiés par le gouvernement français. La commune origine des lois de ce pays et du Bas-Canada, ainsi que la similitude de langage existant entre les Francais et une grande partie des habitants de cette province, rendront un tel échange intéressant et avantageux.

Lettre de M. A. T. Holmes, président de la Société d'histoire naturelle de Montréal.

22 janvier 1841.

Monsieur,

Comme président de la Société d'histoire naturelle, officiellement constitué ainsi l'organe de la partie scientifique de notre population, je ne puis vous laisser partir pour les pays où votre présence se fait désirer, sans vous exprimer notre reconnaissance pour les bienfaits immenses dont vous sont redevables cette ville et ce pays. Vous êtes venu parmi nous étranger, dont le nom était connu il est vrai, lié qu'il était à cette grande idée d'échanges internationaux, système de peu d'intérêt pour nous qui étions trop insignifiants pour y participer. La surprise et l'incrédulité, quant au succès, furent donc les premières émotions soulevées par votre proposition de rendre le Canada partie intégrante de cette grande union nationale que vous avez en partie établie dans l'ancien monde, et dans laquelle vous vous efforcez, avec un zèle philanthropique et désintéressé, de faire entrer le nouveau. Ces sentiments ont fait place à l'admiration, lorsque, après avoir fait connaître vos plans, vous commençâtes avec énergie et persévérance à engager la coopération des corps publics et des individus, et à combattre les obstacles que les circonstances malheureuses dans lesquelles se trouve ce pays ont semés sur votre route. Vous avez enfin réussi, et en nous quittant, vous emportez la preuve de l'utilité de votre visite et de votre résidence prolongée. Vos ardents désirs pour notre bien vont être satisfaits, et nous espérons voir bientôt s'élever dans notre ville un monument qui, sans porter le nom de Vattemare, sera désigné comme son œuvre aux générations futures. Vous aurez ainsi créé les moyens d'unir le Canada avec les autres nations dans le magnifique et bienveillant système d'échanges internationaux ; plan qui ne doit pas seulement être considéré sous le point de vue commercial, mais comme un grand levier moral qui resserrera les liens qui unissent les différentes nations de la terre en une seule famille. Le Canada ne manque, sous aucun rapport, des richesses nécessaires pour venir au devant des offres de nos frères transatlantiques ; car, quoiqu'il ne possède aucun des trésors fruits d'une longue civilisation, comme des antiquités, des ouvrages de littérature et d'arts, les productions naturelles de nos pays, estimées comme elles le sont en Europe, et qui ne demandent que de l'industrie pour être rassemblées, seraient cependant tout à fait dignes d'être échangées contre les livres, modèles et spécimens qui ne manqueraient pas de nous être envoyés des plus anciennes contrées. Je suis, etc.

Lettre des seigneurs évêques de Québec.

6 février 1841.

Monsieur,

Nous nous estimons heureux que votre séjour au milieu de nous nous procure l'occasion de rendre hommage aux efforts que vous faites avec tant de persévérance, depuis plusieurs années, dans le double but d'établir parmi les peuples une communauté de connaissances dans les arts et dans les sciences, et de resserrer les liens d'union et de fraternité qu'il est si désirable de voir régner par tout le monde.

En poursuivant votre noble entreprise, vous aurez bien mérité de la société, que vous aurez enrichie d'immenses avantages, et de la religion, dont vous avez tant à cœur d'accroître la douce influence. Nous prions le Seigneur de répandre ses bénédictions sur vos travaux, et de leur accorder partout, et particulièrement ici, les heureux succès que vous avez obtenus dans tous les pays où votre zèle pour le bonheur de vos semblables vous a porté à diriger vos pas.

† Joseph, *évêque de Québec;* † P. Flav., *évêque de Sidyme, coadjuteur.*

Washington, 14 avril 1841.

Monsieur,

J'ai reçu la lettre que vous m'avez fait l'honneur de m'écrire le 10 de ce mois, ainsi que les documents qui l'accompagnaient, et dont je m'empresse de vous accuser réception. Je vais transmettre le tout au gouvernement du roi, comme j'ai transmis les premières communications que vous m'avez faites. Il jugera sans doute, comme moi, Monsieur, que vous avez rendu de véritables et importants services à la France, par les recherches auxquelles vous vous êtes livré pendant votre séjour sur le continent américain, et par le succès dont elles ont été couronnées. Votre conscience doit vous satisfaire sur ce point; et mon approbation personnelle ne serait que d'un bien faible poids, comparée à tous les témoignages que vous emportez. Je désire, cependant, Monsieur, vous l'exprimer en y ajoutant l'assurance de ma considération très-distinguée.

Signé AD. DE BACOURT.

Lettre de M. Dufrénoy, ingénieur en chef de l'école royale des mines.

Paris, 18 septembre 1841.

Monsieur,

L'échantillon de fer oxidulé provenant des montagnes du Missouri, que M. le sénateur Lynn a envoyé à l'école des mines sur votre demande, est arrivé il y a peu de jours au Havre, et aujourd'hui il fait déjà l'ornement de nos collections. Je vous remercie, au nom du conseil de l'école, de ce magnifique échantillon; malgré ses dimensions presque gigantesques, plus de $0^m;66$ de diamètre, il est pur dans toutes ses parties. Il résulte de son examen que les montagnes de l'État de Missouri doivent renfermer des masses de fer comparables aux belles mines de Danémara en Suède, qui fournissent le fer le plus estimé de l'Europe.

Outre son intérêt sous le rapport minéralogique, l'envoi de M. le sénateur Lynn est précieux pour nous, parce qu'il commence le système d'échange que vous avez cherché à établir entre toutes les nations de l'ancien et du nouveau continent, et qui peut seul permettre aux collections d'histoire naturelle de se compléter. Vous pouvez être assuré, Monsieur, que les professeurs de l'école des mines s'empresseront de vous seconder dans votre entreprise si utile aux sciences, en vous remettant des échantillons de minéralogie et de géologie pour les musées étrangers qui voudront entrer dans la voie que vous avez ouverte avec tant de dévouement. Je suis, etc.

DUFRÉNOY.

Paris. — Typographie de Firmin Didot Frères, rue Jacob, 56.

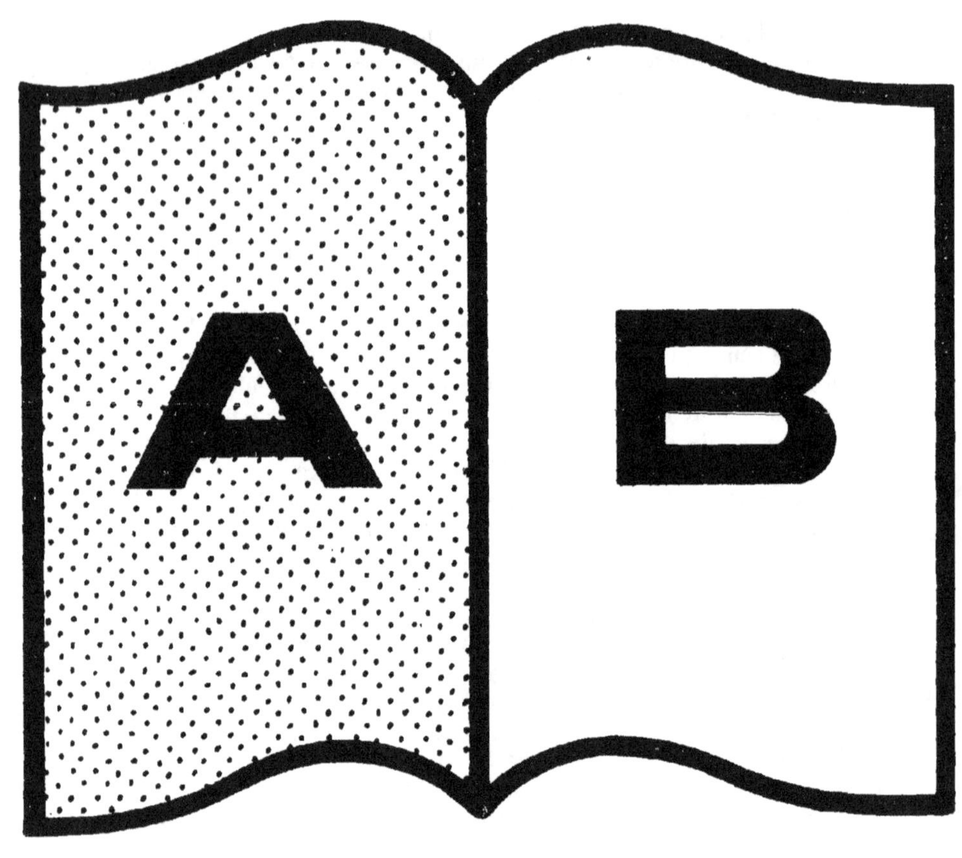

Contraste insuffisant

NF Z 43-120-14